FRASES DE SABEDORIA PARA O MELHOR VIVER

Do psicopedagogo e educador
Livro I

Editora Appris Ltda.
1.ª Edição - Copyright© 2024 do autor
Direitos de Edição Reservados à Editora Appris Ltda.

Nenhuma parte desta obra poderá ser utilizada indevidamente, sem estar de acordo com a Lei nº 9.610/98. Se incorreções forem encontradas, serão de exclusiva responsabilidade de seus organizadores. Foi realizado o Depósito Legal na Fundação Biblioteca Nacional, de acordo com as Leis nos 10.994, de 14/12/2004, e 12.192, de 14/01/2010.

Catalogação na Fonte
Elaborado por: Josefina A. S. Guedes
Bibliotecária CRB 9/870

A553f
2024

Andrade, Josafá Joaquim de
    Frases de sabedoria para o melhor viver do psicopedagogo e educador; livro I / Josafá Joaquim de Andrade. – 1. ed. – Curitiba: Appris, 2024.
    90 p. ; 21 cm.

    ISBN 978-65-250-5540-4

    1. Máximas brasileiras. 2. Filosofia – Máximas, citações, etc. 3. Sabedoria. 4. Amor. I. Título.

CDD – B869.8

Appris
editora

Editora e Livraria Appris Ltda.
Av. Manoel Ribas, 2265 – Mercês
Curitiba/PR – CEP: 80810-002
Tel. (41) 3156-4731
www.editoraappris.com.br

Printed in Brazil
Impresso no Brasil

Josafá Joaquim de Andrade

FRASES DE SABEDORIA PARA O MELHOR VIVER

Do psicopedagogo e educador

Livro I

FICHA TÉCNICA

EDITORIAL	Augusto Coelho
	Sara C. de Andrade Coelho
COMITÊ EDITORIAL	Marli Caetano
	Andréa Barbosa Gouveia (UFPR)
	Jacques de Lima Ferreira (UP)
	Marilda Aparecida Behrens (PUCPR)
	Ana El Achkar (UNIVERSO/RJ)
	Conrado Moreira Mendes (PUC-MG)
	Eliete Correia dos Santos (UEPB)
	Fabiano Santos (UERJ/IESP)
	Francinete Fernandes de Sousa (UEPB)
	Francisco Carlos Duarte (PUCPR)
	Francisco de Assis (Fiam-Faam, SP, Brasil)
	Juliana Reichert Assunção Tonelli (UEL)
	Maria Aparecida Barbosa (USP)
	Maria Helena Zamora (PUC-Rio)
	Maria Margarida de Andrade (Umack)
	Roque Ismael da Costa Güllich (UFFS)
	Toni Reis (UFPR)
	Valdomiro de Oliveira (UFPR)
	Valério Brusamolin (IFPR)
SUPERVISOR DA PRODUÇÃO	Renata Cristina Lopes Miccelli
PRODUÇÃO EDITORIAL	Daniela Nazario
REVISÃO	Andrea Bassoto Gatto
DIAGRAMAÇÃO	Renata Cristina Lopes Miccelli
CAPA	Eneo Lage
REVISÃO DE PROVA	William Rodrigues

Para meus pais (in memoriam), Manoel de Andrade e Maria de Andrade; meus professores, filósofos, poetas e escritores, porque foi por meio deles que enveredei na beleza desta belíssima caminhada diária e contínua, na qual me abri e naveguei pelo território do aprendizado para a sabedoria alimentadora de forma eficaz e indispensável, para viver e aprimorar-me nos relacionamentos diários e, muitas vezes, no humano, pois muitos os transformam em desertos. Não posso esquecer-me de dedicar este livro a todos os amantes da leitura, que com ela adquirem mais conhecimentos e familiariza-se com ela.

Agradecimentos

Primeiramente, agradeço ao magnífico, soberano e eterno Deus, por toda misericórdia, benevolência e sabedoria concedida. Neste segundo livro, as palavras são simples, mas com efeito de gratidão e contentamento por poder concluir tudo que Ele a mim concede. Também aos meus filhos – Josafá Júnior, Joice Maria, Vinícius Gabriel e Emanoelly Andrade –, e aos meus irmãos, familiares e amigos. Maestro Elias Silva, Mesilenita Brito, todos os professores e educadores, meu muito obrigado. Gratidão.

Prefácio

Para nós, escrever sobre o professor, educador, mestre e amigo Josafá Joaquim de Andrade, poeta, escritor, fissurado pela Filosofia, amante da leitura, não é tão fácil, por ser ele um vasto conhecedor de tantas obras e tantos temas, e por já ter viajado por todo esse universo das experiências literárias. Inveterado nos estudos dos maiores filósofos e pensadores, como Sócrates, Platão, Aristóteles, Diógenes, Friedrich W. Nietzsche, Immanuel Kant, Jean-Jacques Rousseau, Sigmund Freud, Jung, Adam Smith, Hegel, Charles Darwin, Descartes, Santo Agostinho, Confúcio, Sêneca e, Augusto Cury, bem como tantos outros da contemporaneidade; também da área da literatura, com Machado de Assis, José de Alencar, José Guimarães Rosa, Graciliano Ramos, Cecília Meirelles, Clarice Lispector, José Saramago etc.; e, ainda, dos exímios do universo da educação, como Paulo Freire, Rubem Alves, Jean Piaget, Vygotsky e Henri Wallon, Marta Kohl, Gilles Deleuze, Castro Alves, Ítalo Calvino, Gnerre, James Hillman, Jacqueline Russ, Marisa Lajolo, Benedito Nunes, Prof. Dr. Luiz Percival Leme Britto, Prof. Dr. Jorge Luís C. González; Prof.ª Dr.ª Maria Lúcia de Amorim Soares, Prof. Dr. Wilson Sandano e tantos outros mais atuais. Muitos deles contribuíram para a pesquisa da tese do seu Mestrado em Educação, "A experiência estética literária na formação do estudante de Psicologia", concluído em outubro de 2005, com toda honra, louvor, alegria e prazer. E não poderíamos deixar de falar da essência desse homem que, além de ser o maior amigo depois de Deus e de Jesus Cristo, é o nosso insubstituível pai, com toda sua doçura, sua gentileza, sua nobreza de espírito e uma alma poética na figura de um ser humano, lindo e de alma reluzente, de uma fé inabalável em Deus e na profundidade da palavra Sagrada. Temos o maior orgulho de sermos seus filhos e amigos, que te amam e têm em você um ser iluminado, inspirador, pesquisador e leitor veterano. Obrigado pela sua existência e pela sua sabedoria, amado pai.

Josafá Júnior, Joice de Andrade,
Vinícius Gabriel & Emanoelly Andrade

Sobre o autor

Josafá Joaquim de Andrade é natural do Recife, em Pernambuco, nascido em 2/7/1960, mas há mais de 30 anos reside em São Paulo-SP, sua segunda amada terra. É formado em Letras, pós-graduado em Psicopedagogia e mestre em Educação. É professor educador, empresário, poeta, compositor, escritor e ama cantar. Seu primeiro livro foi publicado por uma editora local, em Sorocaba, em 2001, com o título *As flores falam*, porém ganhou mais notoriedade com suas poesias, composições e interpretações em seu canal no YouTube. Foi professor, coordenador e orientador em grandes instituições de ensino em Sorocaba, nas quais foi professor titular de diversas disciplinas. Tem como algo indispensável a leitura e, em particular, Filosofia, Psicologia, Pedagogia e Literatura, além de frequência habitual na Gramática Portuguesa. Tem como missão ministrar aulas e capacitar pessoas. Para ele, ensinar é preparar e contribuir para um novo dia e uma vida melhor e maior, e semear conhecimento é gratificante e edificante. Tem adoração em ver crescer e multiplicar-se as sementes do amor e da cumplicidade no difundir conhecimento pela adorável e instigadora Ciência. Ama escrever e refletir sobre a difícil arte de viver e suas anuências, com tantas variações repentinas e as grandes barreiras sociais. Acredita muito na direção do destino certo e acredita que, para isso, basta firmar os passos no solo firme, fértil e de muita luz.

*As lidas da vida são semelhantes às marés, ora baixas,
ora altas, mas águas, nunca lhe faltam.*

(Josafá Joaquim de Andrade)

Nota do autor

Prezados(as), queridos(as) leitores(as) e amantes da leitura, não tenho nem quero ter qualquer pretensão de definir, conceituar ou dizer, interferir ou apontar em direção ao certo ou errado quanto à forma de viver ou de agir de nenhuma pessoa com esses 12 temas. Quero apenas deixar um registro do que a minha vivência mostrou para mim, com um olhar analítico, prudente, mais real da lida, das feridas e das fissuras, da gratidão e do partilhar as coisas, no encarar das realidades, que são mais duras do que pedras e mais frias do que gelo. Sendo assim, posso afirmar que os caminhos da virtude e da prudência, quando bem vividos, habituados e aplicados, são bem melhores e maiores.

Boa leitura!

Sumário

Capítulo 1
Sobre Deus 18

Capítulo 2
Sobre a Vida 24

Capítulo 3
Sobre a Sabedoria 30

Capítulo 4
Sobre o Sorriso 36

Capítulo 5
Sobre a Educação 42

Capítulo 6
Sobre a Religião 48

Capítulo 7
Sobre o Perdão 54

Capítulo 8
Sobre a Saudade 60

Capítulo 9
Sobre a Felicidade 66

Capítulo 10
Sobre o Amor 72

Capítulo 11
Sobre a Tristeza 78

Capítulo 12
Sobre a Alegria 84

Capítulo 1
Sobre Deus

1 – Estado de espírito, é a leveza da alma em sua sublime e tranquila gratidão.

2 – Para Deus não há o invisível nem o invencível.

3 – Deus é explicável até onde vai sua permissão. Além desse limite torna-se inexplicável, imutável e inatingível.

4 – Só quem tem eternidade pode oferecê-la.

5 – Se quiser conhecer a Deus, siga as características e os ensinamentos de Cristo.

6 – A criatividade é a beleza de Deus agindo sobre nossas mentes, nossos pensamentos, nossa visão e nossas mãos.

7 – Na inexistência do tempo somente Deus poderia e pode existir.

8 – Deus, a ciência dos homens pode até constatar, mas nada está além do poder de Seu querer e sublime amor, que Ele derrama sobre toda a existência.

9 – Deus é mil por cento universal. Não adianta alguém pretender direcioná-Lo, tentar empresariá-Lo ou querer ser dono do Seu poder.

10 – Deus está oculto nos céus, mas quem Nele crer e O ama pode ver fagulhas do Seu olhar por meio do encanto do brilho das estrelas.

11 – Em profundidade, escrevo e gravo Seu amor em meu coração, meu eterno Deus.

12 – Meus minutos efêmeros somente Deus pode tornar eternidade.

13 – Os homens não têm entendimento, sabedoria e muito menos poder para escanear os planos e os projetos de Deus.

14 – Hereges são todos aqueles que divulgam seus pensamentos e suas vontades, e atribuem a Deus suas heresias.

15 – No prefácio da vida sou apenas um vivente que sem o amor de Deus ficaria e morreria à deriva.

16 – Se Deus fosse o carrasco descrevido, o amor não seria a máxima do Seu supremo querer e poder.

17 – O único amor indivisível é o de Deus. O nosso é somatório de tristezas, alegrias, fantasia, dor, angústia e, sobretudo, um amor condicionado.

18 – Sempre falo sobre Deus porque cada dia escuto menos aos humanos.

19 – O ódio é o pior sentimento e o amor o meio de todas as coisas quando advém de Deus.

20 – Eternas são as ondas nas quais o espírito navega.

21 – Não se entristeça quando ninguém quiser te ouvir. É que enquanto eles tentam falar com Deus, Ele está, exatamente nesse instante, a te escutar.

22 – A religião do poeta é Deus, pois Dele advém seus belos, lindos e inesquecíveis versos.

23 – A flor é a imagem mais bela, verdadeira, meiga, encantadora, suave e sublime de Deus.

24 – Somente Deus pode nos ouvi nos nossos emaranhados pensamentos de dor, agonia e aflições.

25 – Quem mata em nome de Deus a Ele não conhece.

26 – Quando meu instinto for maior do que a minha vontade, que Deus a mim detenha.

27 – Deus não é uma alucinação. Ele é o mentor da criação.

28 – O tempo para Deus é interminável e imperceptível.

29 – Deus nunca fracassa. Ele está em toda essência do ser vivo e nas belas e inesquecíveis sonatas da brevidade da vida.

30 – No amor de Deus não há utopia, pois além de existir, Ele é eterno.

31 – Dentre todas as formas de linguagens e tons, Deus conhece e entende cada uma delas.

32 – No brilhar da luz, Seu esplendor. No desabrochar da flor, Seu incondicional e eterno amor.

33 – Poder somente Deus tem, os homens têm forças e, geralmente, sempre aplicam na direção errada.

Capítulo 2

Sobre a Vida

1 – A doença ensina-nos a ver o quanto vale a saúde e a morte ensina-nos a ver o quanto vale a vida.

2 – Sem ânimo e vigor até a vida desvanece.

3 – Viver é batalhar numa luta até o fim.

4 – A vida é breve, mas longas são as lamentações.

5 – O direito de viver sem o dever de alimentar é sentenciar para a morte.

6 – A vida nunca foi descartável, porém é transitória.

7 – A morte existe na mesma proporção da vida. Para ambas basta o fim.

8 – Quem pinta a arte de viver registra belos quadros de sua vida.

9 – Quem ama a inércia abomina a força do viver.

10 – A vida é amiga do tempo e, com ele, ela se vai.

11 – No silêncio do tempo a vida passa e sorrateiramente desaparece no anônimo do destino.

12 – Quem gasta o tempo gasta a vida e, juntos, perdem os dois.

13 – Quem vive de glórias não pode perder sequer uma luta.

14 – Quem aprende a viver da morte afugenta-se.

15 – Quem por vingança tira a vida, aliado da morte é.

16 – Quem tem medo dos mortos não conhecem os vivos.

17 – Implacável é a morte e duro é o viver.

18 – São os pequenos prazeres que tornam o viver grande.

19 – A vida é a existência do espírito e este é a proclamação da vida em forma do ser.

20 – Se a vida é breve e a morte inevitável, então não se prive, viva!

21 – Tudo que asfixia é um agente propulsor da aniquilação da vida.

22 – Para se viver com suavidade é preciso adocicar a alma todos os dias.

23 – Na luta para ser feliz perde-se a alegria do viver.

24 – O amor é a inexplicável razão da vida.

25 – A morte é o silêncio da vida, mas a vida não pode ser o silêncio da morte.

26 – Vivo para servir e sirvo para viver.

27 – A vida é semelhante a uma sonata: tem encanto, tristeza e alegria, e de tão bela e delicada logo se finda.

28 – A vida é breve, mas o momento poderá ser eterno.

29 – A vida só tem sabor quando nós a temperamos.

30 – O caminho da natureza é o maior viés da vida, de onde nasce e se reproduz todo tipo de vida.

31 – Morrer não é o fim. O fim é não viver.

32 – Ridículo é não amar, partir sem desfrutar das sensações, das dores, das alegrias e da vida que o amor produz.

33 – Nos laços da lida prende-se quem não tem forças para desprender-se das garras nocivas.

Capítulo 3
Sobre a Sabedoria

1 – A sabedoria é serena e tranquila são os seus viés.

2 – O caminho da sabedoria é muito árduo, porém não faz reverências a tolos.

3 – Com o tempo a sabedoria revela-se, e com o tempo ele a leva consigo.

4 – Na sabedoria, as consequências do saber indelével, imputada pela liberdade ultrajada e condicionada ela é.

5 – Sábios são aqueles que encontram em Deus sua eterna fonte de sabedoria.

6 – O silêncio é a sabedoria da alma.

7 – No velho, o moço rejubila-se de experiência.

8 – O tédio é a inquietude da alma.

9 – Nada está perdido quando você se encontra.

10 – Não existe surpresa para quem já a espera.

11 – Na alquimia da realidade, o frenesi das indagações.

12 – A sabedoria é tão boa que é cálida, individual, e floresce nas belas mentes que a cultivam.

13 – O imediatismo é a insensatez curável na ação do fazer.

14 – Falar não é o problema. O problema é o pensar.

15 – Ilusão, uma miragem que se acredita ser real, o irreal ilusório.

16 – O presente vê no futuro o que em passado tornar-se-á.

17 – O anonimato é o templo do segredo, onde a máxima é o tabu.

18 – A arrogância é prima da insensatez e, quando aliadas, destroem qualquer tipo de relacionamento.

19 – Na juventude da lida, um saber infantil que a velhice ainda não conhece.

20 – Se não vemos o que queremos, queremos o que vemos.

21 – O caminho incerto é uma vereda para o abismo.

22 – Quem esquece do próprio passado não é digno de brilhar no presente nem esperar nada do futuro.

23 – Posso não ter tempo para tudo, mas para tudo sempre dou uma parte do meu tempo.

24 – Só no amanhã você poderá ver a versão real das coisas do ontem.

25 – Diante do mais alto grau de dificuldade é que você testará e conhecerá o seu limite.

26 – O sol é uma fonte de luz e de energia inesgotável e nele o eterno é a sua moradia.

27 – O pânico é o pior inimigo do medo, lançando-o a uma distância em potencialidade.

28 – Os homens podem ter seu momento de lucidez, o silêncio.

29 – O poeta e o filósofo refletem sobre o vazio quando cheios eles estão.

30 – A sabedoria pode morar dentro de cada um, porém se não a aplicarmos tornar-se-á nula.

31 – Sabedoria é irmã da prudência e prima da razão.

32 – A falsidade é o contorno de uma aparência desfigurada e deturpada.

33 – Desonestidade é a parte mais podre da hipocrisia.

Capítulo 4
Sobre o Sorriso

1 – O sorriso é a janela da alma por onde contemplamos o espírito.

2 – O sorriso pode até ser de graça, mas a intensão, não!

3 – O sorriso é a transcendência da alma.

4 – Na hora do sorriso, o instante traz-me um afeto intenso e repleto de paz.

5 – O sorriso é a expressão vívida da alegria.

6 – Os olhos encantam-se até com seu próprio sorriso.

7 – Quem diria que seu lindo sorriso hoje iluminaria a minha alma e preencheria meu coração de alegria.

8 – Embriagante é um sorriso largo, meigo e encantador. Junto jorra uma luz brilhante através do olhar que completa e enche o coração de alegria e esplendor.

9 – Para mim seu sorriso é a mais bela e doce poesia ao vê-lo desabrochar com tamanha alegria.

10 – A primavera é o maior e mais belo sorriso de Deus em Sua sublime harmonia.

11 – O sorriso é o espelho da alma refletida e iluminada de alegria.

12 – O sorriso é a linguagem universal do amor que se propaga através dos olhares e que se acende a cada vez que o coração afaga a alma.

13 – Que seu sorriso seja igual ao despertar do dia, cheio de esplendor.

14 – No rosto, uma marca e uma assinatura intransferíveis, um belo sorriso que ninguém igual ao seu poderá ter.

15 – No meigo olhar, um terno semblante em raros e inesquecíveis momentos, convergido num sorriso que, por sua mágica e rara beleza, reluzia até nas estrelas do céu o sorriso de Jesus Cristo.

16 – Na meiguice, um lindo sorriso que transborda e evidencia a tua beleza de espírito.

17 – O que seria de um rosto sem o encanto do sorriso e a ternura no olhar?

18 – Quem nega um sorriso perde a chance de mostrar o encantamento da alma.

19 – Um dos maiores e melhores sorrisos é o da natureza. Quando ela sorri até o céu resplandece.

20 – Que nada ofusque a beleza do seu sorriso, porque nele, vivo a encanta-me.

21 – Que seu lindo sorriso não se encerre no anoitecer e, sim, revigore-se com a força de cada amanhecer.

22 – Na maior pureza, contagiante e sincero sorriso é está o de uma criança.

23 – Quando os anjos estão acampados em seu entorno, seu sorriso é tão lindo que até seus olhos refletem e enchem os olhos e o coração de quem tem naquele momento a sorte de recebê-lo.

24 – Quando o sorriso parte do coração, ele acende até a alma.

25 – Quando entregar o seu sorriso e quem estiver diante de ti não o merece, não ligue, pois os anjos estão lá para colhê-lo.

26 – Sorriso lindo é aquele que nasce na alma e resplandece na face.

27 – Viverei no instante da eternidade do seu mágico e lindo sorriso.

28 – Sorriso repleto de ternura aparenta um coração cheio de amor.

29 – Quem sorri para uma flor recebe fragrância de amor.

30 – As flores, quando se abrem, além de exalarem seu perfume, sorriem com o semblante e o encanto de Deus.

31 – O sorriso diz tantas coisas ao mesmo tempo que as palavras não conseguiriam traduzir ou expressar.

32 – No final de um lindo sorriso, uma esperança cálida e a expectativa do seu finito.

33 – O sorriso é o transparecer da alma num momento deslumbrante de sua inebriante nudez.

Capítulo 5
Sobre a Educação

1 – Na generosidade tem uma doçura que só quem a tem pode dar.

2 – Toda iniciação é tímida e precária, mas com tempo e repetição o que era precário torna-se hábil.

3 – Quem culpa o destino pelos males recebidos é porque esqueceu de refazer a sua rota.

4 – A indignação faz-nos perder o controle das palavras e levam-nos a ações e a preconceitos intoleráveis.

5 – Quem não tem moderações em seus atos, ponderação é o melhor e ideal remédio.

6 – Quem larga o próprio propósito o ócio procura.

7 – A obstinação é a sorte do futuro e o afinco a certeza da viabilização e da realização.

8 – O presente é bom, mas o futuro poderá ser bem melhor. Você é quem decide.

9 – Nada é fácil, mas poderá tornar-se mais difícil se você não tentar.

10 – Nada te levará aos céu se não ganhares asas.

11 – Indecisão é um labirinto da escolha e quem encontra a saída ganha um troféu da vitória.

12 – É do ser humano desistir, porém insistir no propósito é bem melhor e maior.

13 – No ser humano, o oceano mais profundo é a mente. Se não se aprende a navegar, afunda-se nela.

14 – Se a estilística está no itinerário da epistemologia, o fictício é o seu manjar.

15 – O pior naufrágio é aquele que ocorre fora d'água, porque não há chance nem para nadar.

16 – Quem vaga sem propósito, ao ócio procura e a ele agarra-se.

17 – É mais fácil domar um animal do que persuadir um ser humano.

18 – Quem às margens dos rios planta, fecundas serão as sementes.

19 – Quem faz de sua ideia sua maior criação é mister da sua realização.

20 – Ler é fotografar as pequenas imagens e traduzir as letras em palavras e significados.

21 – Quem de tentativa vive, um dia certamente recompensado será.

22 – Quem escreve em pé de bambu, as letras crescem e a mensagem sobe em direção ao céu.

23 – Saúvas que picotam folhas, longínquas trilhas têm que percorrer.

24 – A ciência é a maior arquiteta da dúvida, em um processo constante e evolutivo do conhecimento que se transformará em benefício para humanidade.

25 – No terreno fértil da inteligência, o adubo é a criatividade.

26 – No ensinar está a potência debruçada sobre as mentes brilhantes e férteis.

27 – A inteligência é a maior potência para o caminho do conhecimento.

28 – No profundo, quem é educador já nasce educador. A ciência apenas lapida.

29 – Educador é aquele que faz da prática um ofício de atividades lúdicas para encantar seus alunos, tornando uma tarefa árdua um ensino primoroso de belo e bom aprender com prazer.

30 – A escola é o templo do saber, de onde o conhecimento abrilhanta e ilumina as mentes dos agraciados e gratos professores e educadores.

31 – Professor é apenas um vértice da trilha da luz do conhecimento.

32 – Nas páginas de um livro o desbravador persegue a sua história, que o levará à luz do conhecer.

33 – A interpretação é a chama viva do texto. Nele, permanece o que foi pensado, dito, escrito e publicado, porém a estória mais real pertence ao leitor.

Capítulo 6
Sobre a Religião

1 – Não é separando o joio do trigo que se tem a melhor colheita, pois é por causa dele que seu agir torna-se insistente.

2 – Não há como fugir do destino, porque ele está com você a cada passo que você dá. Mas dos passos você pode escolher a direção.

3 – A simplicidade é nata e autêntica, mas a soberba e a vaidade são reveladoras.

4 – Quem se profana sagrado, divino pensa ser.

5 – Para uma alma grande, nada é pequeno.

6 – Quem não examina seus erros repete-os como se certos fossem.

7 – Povoa-se o pensamento com neblina e cerração, visão nevasca impelida, dor na alma e no coração.

8 – Religião é a insurgência entre povos e nações.

9 – Há coisas que se faladas não se acredita e se ouvidas não se entende.

10 – Quem foge do dia depara-se com a noite e dos dois ausenta-se.

11 – Tardia é a realidade e enganosas as opções.

12 – Toma para ti tudo que quiseres e poderes escolher, só que depois não coloques culpa no teu destino.

13 – Para descobrir se uma pessoa é justa e boa não é necessário escavar no seu mais profundo íntimo ser, basta focar em seu olhar, atos, gestos e ações para ver a sublimidade do seu meigo espírito.

14 – Quem acumula ferimentos na alma carrega traços e cicatrizes de suas lutas.

15 – Quem tiver consciência de que a vida não lhe pertence evitará todo e qualquer exagero.

16 – Quem acredita mais nos outros do que em si acaba perdendo a sua fé.

17 – O coração é a maior residência de todos os sentimentos ocultos.

18 – Rude não é o homem, mas perversa pode ser sua índole se não for polida.

19 – Por trás do fanatismo há sempre um pressuposto mortal.

20 – Quem ora ou reza entrega a prece para receber sua bênção, e quem escuta fica atento para ver sua coroação.

21 – A pró-mazela do ser humano é a psique, que compromete a mente e todo o resto.

22 – A pior ferida é a do desprezo, porque ela fere a alma e nunca cicatriza.

23 – A fé é o maior estágio da alma com o espírito.

24 – Qualquer tipo de intolerância é contraditório à fé, à ciência e a Jesus Cristo.

25 – O declínio da alma é a alucinação do espírito.

26 – É no território das emoções que alguns pântanos formam-se e crescem.

27 – O medo paralisa os homens e torna-os incapazes até de pensar.

28 – Irreprimível é o amado Jesus Cristo, que jamais desobedeceu à vontade do Pai eterno, tampouco aos Seus mandamentos.

29 – A vacina contra o preconceito, a discriminação e o ódio é o amor.

30 – Cristo é unigênito e sua razão central é o amor e a salvação.

31 – O Pai Nosso é o guia espiritual e também da sobrevivência material.

32 – Religiões são dogmas dos homens; poder, luz e amor são generosidades de Deus.

33 – Existe uma infinita diferença entre Jesus e religião. Jesus é a própria salvação e religião é sempre transformada em: discussão, contenda, separação, desunião, posse, dogmas e cobiças, sem falar do poder e das muitas brigas e desavenças que o terror do dinheiro produz.

Capítulo 7
Sobre o Perdão

1 – Quem não dissolve as preocupações não conseguem digeri-las.

2 – A culpa é a admissão do erro.

3 – Quem alimenta o coração com ódio não se dá a chance com o antídoto do amor.

4 – O fardo é grande, porém a força que Deus nos deu é maior.

5 – Quem bebe para se esquecer, acorda para sofrer.

6 – Quem tem inimigo, além de não ter paz, a tranquilidade mora à distância.

7 – Uma boa parte dos seres humanos só recebe o perdão dos seus depois da sua morte.

8 – O castigo só tem o peso que o próprio castigo produz e atribui.

9 – A culpa é o maior juiz dos nossos erros.

10 – Se você se enobrece de dentro para fora, sua beleza resplandece.

11 – O tecido do ciúme é semelhante ao de um véu; quanto mais perto, mais transparente fica.

12 – O grande problema no ver é o olhar diferente.

13 – Se somos multirraciais, onde cabe o preconceito de cor e tantos outros mais?

14 – A miserabilidade não é um erro ou um engano do destino, é o habitual reduto da degradação humana.

15 – A maioria do sofrimento humano dá-se porque acha que a lida é uma linha reta, sem curvas ou sem sinuosidade, porém, precisa saber que até as estradas têm linhas e curvas também.

16 – Na serenidade, um agir afetuoso de paz.

17 – A mente é um labirinto de emoções. Tente sempre encontrar a melhor saída.

18 – Ninguém pode reparar um erro ou um valor sem antes reconhecê-lo.

19 – O perdão é o crédito da fé restabelecida.

20 – Prisioneiros são aqueles que se enclausuram nos pensamentos maléficos de suas falsas e terríveis condenações.

21 – Não se pode ser livre quando nem dos próprios preconceitos se é liberto.

22 – De santo o ser humano não tem nada, e seus atos, ações e pensamentos comprovam.

23 – A aspereza embrutece os homens e a estupidez tornam-nos insensatos.

24 – No avesso está a obscuridade do ser humano, que nem sempre conseguimos ver.

25 – O direito é algo subjetivo. Quando você ganha o seu, eu perco o meu.

26 – Nada é tão importante para que você não reconheça seu próprio valor.

27 – Não há bagagem tão pesada que não possas carregar nem tão leve que não possas deixar.

28 – Cuidado! O que não queres hoje poderás aceitar amanhã.

29 – Espere cessar a raiva e que o ódio sucumba sempre.

30 – Ao falar mal dos outros você denuncia quem você é.

31 – O mundo é a realidade e nós sua passageira ilusão.

32 – Nada posso quando não me permito.

33 – Aflita é a angústia da solidão e tediosos são os dias e os momentos de quem clama por perdão.

Capítulo 8

Sobre a Saudade

1 – A velhice tem semelhança com o mar; quanto mais navegamos contra a orla marítima, mais distante dela ficamos e, assim, aprofundam-se os anos.

2 – Tudo que nos pertence é o que construímos no presente para, no futuro, sermos lembrados no passado.

3 – Quem toma remédio contra a saudade morre de tristeza.

4 – Quem de saudade chora, lava a tristeza com seu pranto.

5 – Inquietantes são as lembranças e vagas são as memórias.

6 – Na memória, a lembrança, e no coração uma saudade de um amor que não passa nem acaba.

7 – Saudade é o reduto das lembranças de onde vêm as memórias infalíveis.

8 – Saudade não se perde, ela te acompanha até mesmo quando perde as asas.

9 – A saudade encontra-se onde o vazio predomina.

10 – Ninguém se esconde da saudade. Quanto mais você tenta, muito mais ela te invade.

11 – Eis aí algo muito inerente da saudade: ela está sempre vinda do passado para nos visitar.

12 – Saudade é a transparência da lembrança.

13 – No final da primavera, as floradas entristecem e ficam cálidas ao verem suas pétalas esmaecerem.

14 – Nostalgia é a saudade em fragmentos de lembranças.

15 – Se saudade for também lembrança, acabo de descobrir que sofro desse mal.

16 – Na saudade há um filete de luz que se acende toda vez que ela invade e toca-nos.

17 – Perto é uma distância suficiente para o coração sentir a quem amamos tão distante.

18 – Na imensidão dos céus, as nuvens encobrem e protegem o amor que coloquei entre as estrelas para você, e de você restou um buquê de saudades.

19 – Em cada ausência uma lembrança marcante, de onde vem a chuva da saudade.

20 – A lembrança nunca morre porque a saudade mantém-na viva.

21 – No jovem adulto, a criança que gostaria de ser.

22 – Na canção, o encanto da melodia de uma lembrança que nos traz a doce saudade.

23 – Quanto mais distante estiver o amor, maior será a distância da saudade despetalada e mais esvoaçada será.

24 – A velhice tem algo que assusta: coração cheio de saudades e olhos repletos de tristezas.

25 – Saudade é a ação do efeito do vazio e tristeza é o vazio da saudade.

26 – Quanto tempo leva para se desfazer uma saudade? Nem ele mesmo sabe, porém o fim responderá.

27 – Quando a saudade me encontrar, far-me-ei pequeno para ela não crescer tanto dentro de mim.

28 – Falta é sinônimo de saudade, saudade da ausência, e ausência falta pura.

29 – Entre as passagens das estações, acabamos perdendo algumas coisas que caem junto às folhas e o vento levam-nas. Só resta a saudade, que as lembranças insistem em percorrer.

30 – Em cada crepúsculo, um olhar perdido e imerso em uma saudade cortante.

31 – A voz de quem amamos é um alívio para a saudade e um bálsamo para o coração.

32 – Sempre tento esconder-me da solidão, mas a saudade sempre me encontra.

33 – O sentimento tem algo muito importante e especial: tem o poder e a grandeza de transportar-se nas lembranças que trazem e produzem a saudade.

Capítulo 9
Sobre a Felicidade

1 – Quem diz buscar a felicidade e não a encontra é porque não sabe o que ela é.

2 – Quem busca fortaleza no outro jamais estará seguro e tranquilo.

3 – A felicidade é inatingível e súbitos são os momentos felizes.

4 – A água abranda o calor e a tranquilidade, a alma.

5 – Não há exatidão para o limite da superação na busca pela sobrevivência.

6 – Não tenho o poder de fazer ninguém feliz, mas, todos que me procuram, deixam uma boa parcela de alegria.

7 – Quem olha fixo para uma única borboleta, não contempla a beleza do alçar, dos voos das demais.

8 – Que teu caminhar, seja leve igual à pluma e suave tal qual igual, a brisa.

9 – Quem espera dos outros, sofrem do mal do cansaço.

10 – São os pequenos prazeres que tornam o viver grande.

11 – A ambição descaracteriza o ser e torna-o corrupto em todos os sentidos.

12 – Não devo procurar pelo que não sinto nem conheço, pois quando o encontrar não o reconhecerei.

13 – Felizes são aqueles que não dependem do julgo alheio.

14 – No virtual, há distrações que nem o virtuoso consegue resistir.

15 – O ser humano cria armas e armaduras das quais se torna reféns.

16 – Um belo gesto faz expandir uma alma e, consequentemente, faz florir os céus em estrelas.

17 – No lapidar das nossas ações, o refúgio sereno da tranquilidade que se converge em felicidade.

18 – Os terrores dos homens empobrecem a alma e expõem seu espírito.

19 – Os homens, quanto mais fracos e sem amor forem, mais violência e desgraças produzirão.

20 – Da beleza é o tempo inebriante, num terço de tempo fugaz.

21 – Felicidade é um estado emocional efêmero, que nos parece um fragmento de triunfo.

22 – Produzindo alegria sinto um instante de felicidade invadir-me.

23 – Quem finge felicidade desmente a alegria.

24 – Felicidade é uma promessa efêmera.

25 – Tudo pode existir, basta acreditar.

26 – Não procure nos outros aquilo que só existe em você.

27 – A esperança nasce em todo aquele que a fecunda.

28 – Felicidade é um instante mágico de um belo, lindo e sincero sorriso.

29 – Ao contrário do que muitos acham, a felicidade nasce da alegria. Pensem!

30 – Só serás feliz se não dependeres de alguém, pois de alguém basta a alegria para te manter feliz.

31 – Felicidade é um estado de espírito interior que raras vezes manifesta-se.

32 – A alegria não precisa da felicidade, mas a felicidade precisa da alegria para ser feliz.

33 – Repensar nos faz recordar que, no passado, um amontoado de alegria era felicidade, mas, infelizmente, ainda não sabíamos o seu nome.

Capítulo 10
Sobre o Amor

1 – Não tenho tudo que quero, mas quero tudo que tenho.

2 – O amor desatinado provoca desequilíbrio na alma e oprime o coração.

3 – Se dentro das temíveis dores pudéssemos excluir uma, com absoluta certeza seria a dor do amor.

4 – Se algum dia alguém fugir de ti, não lhe atribua importância, pois ela descobriu que era indigna e incapaz de te merecer.

5 – O sono é difícil e tardio para todos aqueles que se perdem em pensamentos.

6 – A confiança é semelhante a uma chave: quando se quebra, a segurança está comprometida.

7 – Se teu coração não suporta perdas, lembra-te que nem sempre ganhar é possível.

8 – Mais vale um grão de areia entre os dedos do que um punhado esvoaçado e levado pelo vento.

9 – Os erros atraem consequências que se não o cometessem não as teriam.

10 – Igrejinha que no alto fica, de longe avistada é.

11 – Quem apenas para a beleza olha não consegue ver o que há por trás dela.

12 – Quem em canoa navega precisa de muito equilíbrio.

13 – Raiva descontrolada transforma-se em ódio e ele cega.

14 – Fazenda só é lugar de paz quando você a planta.

15 – Aragem que espalha aroma, flores por perto tem.

16 – Coração esganiçado, partido e dilacerado não está apto e não tem tranquilidade para amar.

17 – Nunca conhecemos o caminho do amor, somente o destino levar-nos-á a ele.

18 – Quem cria amor não alimenta o ódio.

19 – Cuidado! As tuas palavras te descrevem e os teus atos e as tuas atitudes te desenham.

20 – Com esteio bem fincado, a casa não deve cair. Vento forte bate firme e ela fica a resistir.

21 – O diálogo só é bom quando o entendimento é melhor.

22 – Quem ama faz, quem ama não condena, quem ama zela, quem ama estima e ensina.

23 – Aquele que diante dos piores graus de dificuldades físicas, psicológicas e emocionais não engessa seu intelectual será um vencedor de si mesmo.

24 – O amor é a mais bela poesia da constante maturidade e da recíproca sublimidade.

25 – O amor é tão sublime que só pode ser visto pelo coração e contemplado pelos olhos.

26 – Aquele que é capaz de confessar o seu mais íntimo amor também é capaz de dar e recebê-lo.

27 – Tudo que é imposto exclui a suavidade, a generosidade e a beleza do amor.

28 – Na beleza humana há um fracasso naqueles que acham que ela é eterna.

29 – Para o sempre, a eternidade é apenas uma constante.

30 – Seja firme, forte e preciso, porque o mundo é cruel, impiedoso e impreciso.

31 – Serei inesquecível enquanto o inesquecível em ti permanecer.

32 – No amor não há competição. Se existir não é amor, é razão.

33 – A esperança é a última estação do amor e finda-se com o fim da confiança.

Capítulo 11
Sobre a Tristeza

1 – A tristeza ensina-nos a ver o quanto vale a alegria.

2 – Quem nas folhas agarra-se, desprende-se delas quando o galho quebra-se.

3 – No vazio há um vazio que ele é incapaz de preencher.

4 – Quem por vencido dá-se, não consegue vencer nem a si mesmo.

5 – A dor é o trajeto da morte e quem a supera adia sua vez.

6 – As lágrimas podem não trazer o consolo, mas o pranto lava a tristeza.

7 – Quem acumula ferimentos carrega traços e cicatrizes de suas lutas.

8 – Excelente seria se a tristeza não comprometesse tanto o coração, mas, na prática, é o primeiro a ser atingindo e comprometido.

9 – Cair na real é desenganar-se daquilo em que se acreditava.

10 – Quem deixa o impossível ser seu norte fica sem direção.

11 – Quem não vence as paixões embriaga-se nelas e lança-se nos piores abismos.

12 – Quem à tristeza entrega-se, o coração amolece.

13 – Quem na servidão entra o abismo abraça.

14 – O estresse é o descontrole da alma no estado das emoções.

15 – Na vastidão, um espaço longínquo e um deserto solitário e escaldante na mente do ser.

16 – O expansionismo físico quase sempre vem acompanhado de tragédias e consequências.

17 – Perigoso é o território do ódio, porque lá reside a violência sem precedentes e limites.

18 – O tédio produz a inquietude insolente.

19 – Com o fracasso vem a lição que muitos não conhecem.

20 – Quando o fardo é muito pesado a mesma distância parece ser mais longa.

21 – Quem não se dá valor não pode esperar que o outro lhe atribua.

22 – Se depositares nos outros a tua fantasia, haverás de ficar sem ela quando o outro se for.

23 – Quando o perigo não oferece a dádiva da recompensa não vale a pena o risco.

24 – A inveja é um sentimento muito pequeno, mas quando praticada torna-se miserável e mortal.

25 – Se algo não te serve, descarte; e se descartar, esquece.

26 – Quem se lança livremente ao abismo não tem noção da sua profundidade.

27 – Quanto maior for a carência humana mais perigosa será o grau da fragilidade.

28 – Soluções fáceis, resultados árduos e terrivelmente difíceis.

29 – Na amargura há um aprendizado doce que somente você poderá ter.

30 – Na beleza, a única tristeza é o seu fim.

31 – Toda ilusão é pequena, principalmente quando você cai na real.

32 – Nenhum fardo será insuportável quando a força da inteligência for maior.

33 – No meu refúgio refugio-me das dores, das tristezas e das as vaidades da lida.

Capítulo 12
Sobre a Alegria

1 – Quem reprime as lágrimas não clareia o espírito.

2 – Quem sempre alegre está a tristeza disfarça.

3 – Tudo não é alegria, mas alegria pode ser quase tudo.

4 – Quem observa as coisas tem menos surpresas desagradáveis.

5 – Se tenho prazer no que faço, isso me cativa e a mim apraz.

6 – Se o livre-arbítrio é insolúvel para o ser humano, imaginem a tal liberdade.

7 – Permanente é apenas o instante que logo tornar-se-á passado.

8 – Se a alegria fosse algo externo todo mundo poderia comprar e ter. Como nasce no interno, só você pode prover.

9 – Sua história não tem fim quando você se torna recomeço.

10 – De eterno em eterno, o tempo e o instante refazem-se.

11 – Nos degraus, diversas possibilidades de direção, e a opção pertence a quem está sobre elas.

12 – Em cada ideia nascem também as possibilidades reais das viabilizações.

13 – As razões são transformadoras quando o aprendiz aprecia-as para um bem maior.

14 – Colher num tempo é obedecer um período de fase em que é crucial a paciente espera.

15 – No cais, a nau espera a tripulação; no mar, a segura flutuação.

16 – Não basta ser forte ou ter força, pois além dela a resistência é fundamental.

17 – Tudo na lida tem uma direção, razão pela qual lhe confere o direito da escolha.

18 – Os relógios contam as horas no tempo, porém não conseguem detê-lo.

19 – No milagre do universo as estrelas são seus encantos.

20 – Os melhores passos são aqueles que te levam à direção certa do melhor lugar aconchegante.

21 – No paraíso da alma habita a tranquilidade.

22 – Quando quero ouvir melhor sempre escuto o vento, porque ele sempre (tira-me) traz uma nova, suave e bela canção.

23 – Só plante as boas sementes hoje para não colher ervas daninhas amanhã.

24 – Quem tem fé produz esperança e ela é o futuro da luz do amanhã.

25 – Seja resiliente diante das atrocidades da lida, pois ela te cobrará mais do que você imagina.

26 – Numa bela canção, a melhor versão é a sonata da sua alma.

27 – O mundo é repleto de possibilidades e, no mínimo, uma delas te espera.

28 – O mundo só pode ter a beleza da força, porque a de dentro só você pode ter.

29 – Sensatez é o esplendor de promessas de um caminho ensolarado e de brisa que sopra e ameniza o feroz calor.

30 – Jamais se esqueça de que o interesse é a casa da pobreza e a morte da alegria.

31 – Tudo pode ser prazeroso quando ali você coloca o sabor da sua delícia.

32 – Quando a alegria esvazia-se, a profundidade da solidão faz-se maior.

33 – Ah, se pudéssemos levar o passado para o futuro e trazer o futuro para o presente, pois, assim, a alegria sempre estaria presente.